시김새 1

신생시선 · 30
시김새 1

지은이 · 김지하
펴낸이 · 원양희
펴낸곳 · 도서출판 신생

등록 · 제325-2003-00011호
주소 · 600-013 부산광역시 중구 중앙동 3가 12-1
　　　w441@chollian.net　www.sinsaeng.co.kr
전화 · 051) 466-2006
팩스 · 051) 441-4445

제1판 제1쇄 · 2012년 02월 15일

공급처 · 도서출판 전망

값 8,000원
ISBN 978-89-90944-31-3
ISBN 978-89-90944-33-7(세트)

* 저자와의 협의에 의해 인지를 생략합니다.

> 이 도서의 국립중앙도서관 출판시도서목록(CIP)은 e-CIP
> 홈페이지(http://www.nl.go.kr/ecip)와 국가자료공동목
> 록시스템(http://www.nl.go.kr/kolisnet)에서 이용하실
> 수 있습니다.(CIP제어번호: CIP2012000633)

시김새 1

김지하 시집

시김새는 흰그늘이다
– 시집 『시김새』에 부쳐

후천개벽 시작한다는 기축(己丑)년에 서울살림 다 접고 강원도로 복귀했다.

시집 같은 건 생각도 안했다. 그저 일기 쓰듯이 끄적인 것뿐. 그런데 그것이 어느새 수백 편. 서울과 부산에서 동시에 출판행사를 치른다.

시가 시원치 않다는 평이 있다.

시원할 까닭이 없다. 그 사이 내 삶을 알기나 하는가?

본디 '시김새'는 '시원끼'하고는 멀다.

그러면 이런 것하고는 어떤가?

요즈음 'K-POP'이 요란하다. 그 동네 대장이 '임재범'인데 그의 'UC·버클리' 공연을 들어보면 바로 들어오는 게 왈 '시김새'다. 그러면 됐는가? 허허허.

'시김새'는 판소리와 우리 민족예술의 핵심미학이다. '시김새'는 '흰그늘'이다.

15세기 피렌체와 베네치아 르네쌍스의 핵심미학, 그 브렌드·토오치는 '어둑어둑한 저녁 강물 속에서 문득 빛나는 희끄무레한 한 물빛'(야코브·브룩하르트)이었다.

한국의 네오·르네쌍스가 오고 있는 것이다.

아닌가?

허허허허허.

2011년 11월 2일
김지하 모심

차례

시김새는 흰그늘이다   6
—시집 『시김새』에 부쳐

귀래-흥업-무실동   13
호저 해월 피체지에서   18
궁예弓裔의 영원산성   22
임윤지당任允摯堂   25
백운산白雲山 배론   28
한백겸韓百謙 묘지   31
자칭 한울님 자칭 미륵불   34
꾀꼬리 봉우리   38
아홉룡 산다는 물 너머 비로봉 아래   42
백산 소도   46
영원산성鴒願山城   49
박달재를 넘으며   53
소사화蘇思和와 해인亥人   60
주놋거리 곤지암   67
내 안에 있는 커다란 유리琉璃   72
양양 미천골   75
두타산 무릉계 삼화사에서   81
앵봉鶯峰, 신륵사神勒寺, 한백겸韓百謙 묘墓   85
황혼에 돌아오다   93

한밤중 아홉 시에	95
나의 어린 날이 다시 여기에	97
한때 너무 밝은 그 한 날	103
누가 누구더러	106
이익공유제와 소말리아 해적 소탕	110
김만겸金萬謙	114
내 벗이 몇인가 하니	118
아파트 아파트 사이	121
진부珍富 가는 길	123
내 가는 길	126
단계동 생태탕	128
앙금아 내 애기	132
아무도 몰라주는	135
머언 부산의	140
아마도 거기	142
그 질문에	144
내가 아직도 못 가본	147
원만의 땅	151
그 많은 말들이	156
내가 나에게	159
오늘 나에게 이 땅이	164

시김새 1

귀래 – 흥업 – 무실동

내가 누구인지 몰랐더라
내가 누구에게서 왔는지 아득히 몰랐었더라
이제야 알았는가
아아아

오늘

귀래歸來 산천리
미륵산 아래 경순왕 묘지 앞에서 바라본
백운산

그 기이한 서기瑞氣 앞에서
서기 너머 양안치 재 너머 저 머언 흥업興業 가까운

아아아

오봉五峰

뛰어난 준수 앞에서

내 이제
육십 여 년 전 목포 산정리의
구시나무집 가까운
정일담의 전설 그 가까이
검은 함석집
그대로인

아아아

배부른 산 무실리無實里
이 편한 세상 아파트
땡이네 집
촛불 켠 등탑방燈塔房

내 집이 무엇인지
그래
내가
과연 누구인지 알았노라

누구?
꽃 한 송이

못난이 김영일金英一

그 커다란 화엄경華嚴經
대방광불화엄경大方廣佛華嚴經 가운데 아주 쬐끄마안한
꽃송이 하나
피어나는

두꺼비 친구 채송화 친구
징개망개 뜰
영일이

열세 살 원주에 쫓겨온 뒤
그 짙은 그림자 속에서
처음
흰그늘을 보았노라

이제야

쫓겨온 귀래歸來너머 오봉五峰 모심을 지나
사방 팔방 시방으로 나아가는 흥업興業 뒤 배부른 산

옛 과수원
무실茂實이 오늘 텅텅 빈

무실無實로 변해

아아아

이제야 이 편한 세상 한 아파트
고양이 딸 땡이가 집을 지키고
남쪽 저 아득한 궁예弓裔의 영원산성 바라
창가의 붉은 영산홍映山紅
만개하는 집
검은 함석집

옛
꽃 하나
영일英一이로 이리 돌아왔음을 알았노라

아아아

사무치게 깨달았노라

무엇이
이리 나를 이끌었는가

그 길고 긴 눈물의 세월

알았다

회골매지리 골짜기
오봉五峰 아래의 하이얀
눈

그 오랜 모심의 세월임을

바로
그 무엇이
다름 아닌

세월
그 자체임을.

호저 해월 피체지에서

내가
그 쓰라린 외로움 속에서
유일하게 모셔온
선생님

해월海月 피체지被逮地
호저 고산리 원진녀 생가 오두막에
약속대로

월정사에서 돌아오며 지은 약속대로 찾아간
흰호랑이 해 겨울
첫눈 내리는 날
이른 아침

길에서 오두막마루 위까지 난
개 발자국

무엇을 뜻하나?

의혹에 차 내리던 길 저 건너편
삼방식당 간판에 크게 쓰여진

보신탕
닭도리탕

무엇을 뜻하나?

그 뒤 사흘쯤 지나고부터
내리
강추위에 매일 폭설 쏟아지며
사백만 마리
소 돼지
산 채로 땅에 묻히고

오리며 닭이며
수수천 마리 조류 독감으로 묻히며

새들은 갑자기
하늘에서 떼로 떨어져 죽고 떼로
물고기들 바다에서 죽고

그 큰 바다에
그 큰 물고기들 삼분의 이가 죽어 없어지고

화산 터지고
지진 터지고
반란이 반란이 반란이
이슬람을 휩쓸고
말리화茉莉花 혁명 중국에서 터지고

낮과 밤
일교차는 10도

머지않아 괴질 올 조짐이다

무엇을 뜻하나?

어제
호저 고산 오두막에 또다시 가서
선생님께 묻는다

'개벽입니까?'
'그렇다. 그러나……'
'그러나?'

'화엄이다.'
'……'

돌아와, 경전을 연다

고목지봉춘혜枯木之逢春兮 시호시호時乎時乎
불상지견성혜佛像之見性兮 성호성호誠乎誠乎

또 넘긴다
거의 마지막에

'후천개벽은 북극태음의 물의 변동
물의 변동은 부인 몸속의 월경月經의 변동'

아아아
그렇다면…….

궁예弓裔의 영원산성

어허
여인들, 아기들, 쓸쓸한 백성들 앞에 세워
스물 두 권의
수덕만세水德万歲 펼치려 했던

애꾸눈,
버림받은 신라 왕자?

남쪽의 별
원만의 중조선 얻어
북쪽의 물을 제자리에 되돌리려던

어허

왕조보다도 더 나쁜
원주 호족들에게 죽어간
아내와 아기들에게 배신당한 서러운

어허
서러운

천년의 꿈

개벽의 상징인, 한 예감으로
묘향산 진몰지珍沒池에 이여송李如松의 흉계로 깊이 깊이 파묻혀 버린

다섯 개의

궁弓

그 중의 한 궁弓

고주몽의 궁전弓全
장보고의 궁복弓福
궁예弓裔의 궁弓
그리고 동학부적의 궁궁弓弓

그 다섯
그 다섯

다섯 궁극을 모은 오늘의 육불수六不收

긴긴

그
꿈.

임윤지당任允摯堂

윤지당允摯堂
임숙任淑

조선조 여성 기철학자氣哲學者
개벽꾼
성녀聖女

사단四端도 칠정七情 가운데 하나요
여성도 수련만 하면 능히 성인聖人이 될 수 있다던

정조 때의
오빠 임성주任聖周보다 훨씬 더 훨씬 훨씬
더 민중적이었던
숙淑
산호원협山湖原峽의
지금 봉산동에 살던
죽어선

과부라고 비석마저 못 세운

슬픈 여인
윤지당允摯堂

문막 가는 길
무장리 신평못 가 간무곡 언덕 위

몇 번이고 몇 번이고 찾아 헤맸으나
결국 못 찾고 만 무덤의
호저 고산리
해월 가까이 묻혔다는

여성철학자
숙淑
내가 참으로 깊이 모시는 역사의 한 여성

기억하는가?
요즘의 저 수많은
페미니스트들이여
기억이나 하고 있는가?

그 무렵의

그녀가
오늘엔 그 누구인지를?

그녀가 바로 다름 아닌
참
'싸크라리온'임을 기억이나 하시는가?

북극태음의 물을
해빙시킨 바로 그 물 자신
부인 몸속의 신비
그
월경月經임을

생각이나마 하시는가?
그렇다
바로

Sacralion 그 자체임을!
참말 사무史巫는 거룩한 신관神官
죽은 아이, 죽은 남편, 죽은 조카들
내내 밥 먹이던
어여쁜
큰 엄마였음을!

백운산白雲山 배론

놀랐다

용소막 근처
신림 건너에서 듣던
우중충한 못이었던 고통스러운 배론
그 길이 전혀 아닌

화려한 탁사정
놀이터 건너에서 순교성지를 들어가려니

놀랐다

왜 입구를 바꿨는가

왜

똑바른 백운산 길로

저 지독한

황사영을 거열로 사지 찢어 죽인 그 토굴로
들어가다보니 들어가다보니

성지 앞 뜨락은
허허허
큰 장터요 그 건너는 또 커다란 주차장 허허

웃다가
문득
듣는다

두 분 말씀이 허공에서 눈에 보이도록 들린다

김수환 추기경님의 한 말씀
'유신반대 하던
기독교 최초의 동방예수의 길에서
또 당신은 이제
불교를 만나 화해하고 융합하시라.'

지학순 주교님의 또 한 말씀
'배부른 산에서 다 이루고

무실리無實里에선 다 버리구려
그것이 이 편한 세상 땡이네 집
김영일의 다섯 살 적
검은 함석집이라오.'

나도 모르게 나의 속 깊은 곳
대답이 쑥 올라온다
단 한마디다

'네에'

돌아나오는 길 사방팔방에서 우뚝 우뚝 우뚝
순교자 비석같은
산봉우리들 산봉우리들 산봉우리들

그 위
하아얀 구름 구름들

아아
백운산白雲山.

한백겸韓百謙 묘지

백번
겸양한 선비

어째서
무덤 앞 큰 거북이
고개를 외로 꼬았나

섬뜩하다 정여립의 송장을 거두어선가
어째서 부평 뜰
그 무덤 앞은
그리도 쓸쓸한가 그리도 서러운가

나는 모른다

아직도
기전箕田이
그 무엇인지 잘은 모른다

정전井田과
팔상八湘의
조선판이라는 것밖엔

농토의 주역학
중도농업사회주의란 것밖엔

모른다

그러나
가까이 강천 언덕에 어째서
저 남조선쪽 사람 강증산의 음개벽
농사개벽 뒤따르는

숱한 제자들
수천 명 씩 몰려
밭을 가는가

기전箕田
아아

그것이 바로

별과
바람

외롭고 때론 휩쓰는 농투산이들
품앗이 아닌가

개체 융합의
각지불이 아니던가

나는
아직
모른다

돌아서며 오직 한 가지
백 번 겸양하리란 맹세밖엔
할 줄 모른다

거북이 고개를 또다시 외로 꼬기 이전에

오늘
오일장五日場의
희비리喜悲離 그 이상한
장터에 오기
이전에.

자칭 한울님 자칭 미륵불

자칭 한울님
자칭 미륵불

나 한때 천하 촌놈 강증산
모악산母岳山 금산사 옆
구릿골

공부한 적이 있었지 동학공부하다
개벽공부하다 그중에 끼어서였지 허지만
도학道學 제대로 안했다고
모두들
천하 촌놈이라 비웃었을 때 도리어
그 점이 좋다고
나는 그를 사랑했었지

더욱이
정세靖世의 비폭력이 좋다고

더더욱
여성상위의
음개벽陰開闢이 좋다고

그 촌놈 떠받드는 대순진리회
남조선 개벽파
어찌해
여기

중조선 복판
여주-원주 인근의
강천에 와 커다란
여기 저기 기다란 기다란 드높은
콤문을 지어놓고 공동노동을 하는지

몇 번이고
지나도 보고 들여다도 보며
이상스러워했지

남南은
남조선은
증산의
신조였으니

하하

뒷날 그 근처 한 작은 억새풀에게 듣자니
남신원만북하회南辰圓滿北河回

수운의
옛 옛 세 개의 조선의
비결

두레 속에서 품앗이로
선천先天 안에서 후천後天으로

농사로
우주개벽

원만의 땅에서 도리어
최소국가最小國家로

하하하

화엄개벽
모시는구먼!

자칭 한울님 자칭 미륵불

서천西天에 가
문물 모두 몰고 와
이 땅 크게 일으킨다던
바로
그
계명성鷄鳴星!

꾀꼬리 봉우리

여주 지나
이천 못 미쳐

설성雪城 수산水山 일리一里 앵산동鶯山洞 앞
논 가운데 자그만 앵봉
나의
성지
해월海月선생 갑오혁명 실패 뒤

그
4월 5일 낮
향아설위向我設位

그
4월 5일 밤
화엄개벽

그
4월 6일 새벽
스물여덟 살 무주 이씨 동학당 여자
'蠶'을
회주會主로 앞세운 수왕회水王會
현람애월민玄覽涯月民의
첫 촛불
켠
70년 수왕사水王史
지하조직 결성한 자리

금강산 당취
빈삼彬杉
내홍乃紅

정역남학의 기세춘奇世椿 인정언印正言
백두산 도인 민㦖
동학당
손천민孫天民 김이민金以民

아홉 사람이
화엄에서 마야부인 모성모체母性母體를
오덕五德과 함께 과학화한

선지식善知識들 따라
보현普賢을 대체하는 그 자리

나의
성지

지금도 간다
내 마음은 지금도 느을 느을 가고 또 간다

나의
모든 것은
거기서 느을 시작한다

'이'가 한 마디
'개벽은 엄마와 밥과 월경'이라 했을 때
'蝨이 李로다!'
'이'가 양평장터에 붙잡혀
갈갈이 찢겨 죽었을 때
두물머리 숨어서
눈물로 외쳐
'蝨이 李로다!'

아가!

부디 기억하거라
그날 밤 두물머리 앞 큰 강물 위에
하아얀
애기달이 떴느니라

애기달
테레사와 쩨찔레아의 그 하얀 애기달

나의
성지

1895년 음력 4월 5일 밤
화엄개벽 수왕사水王史 처음 시작한

그

그

꾀꼬리 봉우리
봄 꾀꼬리의 첫 봉우리.

아홉룡 산다는 물 너머 비로봉 아래

아홉룡 산다는 물 너머
비로봉 아래

화엄절
언제부턴가

고려전부터라니
의상義湘이
고려 중간 때라니
사륜四輪이

내 마음에는
회향이 바로 절 지음이니 고려 말

아낙과 아기와 노인네
아플 때면 어디건 가서 밤새 간호하던
맹암孟庵스님 때

그때가

원주화엄 구룡사 참 시작 아닐까
그래서 사미주리四尾柱離가
스님흉내 낸다고
노비반란 꾀하다 붙들려
사지주리 틀다
갈갈이 찢겨 죽은 거 아닌가

아닌가

비로봉 가는 골짝골짝 물목마다 흥
그리 써 있는데도
아닌가

간혹 가지만
거기 더운 철엔 벌거벗은
년놈들 때매 절이고 좆이고 뭣이고
흥

난 딴 데서 화엄을 봐

머언

비로봉 우뚝
푸르른 솟음에서 오는 서기瑞氣

그것이 그래
벌거벗은 년놈들 풀들 나무들 물방울 방울
시원한 거 만들지
못난 모심 말이야
흥

흥흥흥

참말 조오타!

수백 명이 피바다로 찢겨죽은 골짝골짝에

지금은
팔자 좋은 피서객이라!
흥

사실은 이것이 화엄? 이것이 모심?

그러나
소 돼지 삼백오십 만 마리

오리 닭 수천 수천 수천 마리 생매장은
도대체
무엇?

흥흥흥흥흥

지금은 먼 길도 아닌
입다문 하늘

그래 그렇지!
아무래도 아홉룡 지금도 움직이나
아홉룡?

흥—!

백산 소도

소초에
소도

두 길 사이 흙둔덕에
오똑 선
백산

솟대같지 않은 솟대
어림없다

솟대엔 물이 있어야지 난데없는
왠 굿판인가

백산 소도

허나 반갑다 이 어인 만남이냐

간혹 노을에
그 앞길 잠시 차를 멈춰
외눈 뜨고 바라보면
한 얼굴이 하늘 가득 눈물 흘린다

그 밑 땅 밑에 흐르고 있는

아아
정체모를 송장들
썩어 문드러진 아기송장들 아낙송장들
또
쓸쓸한 노인 중생의 송장들

현람애월민玄覽涯月民

언제쩍인가

그래

놀라지 말라 놀라지 말라
바로 6·25

어허!

저 백산의 서기瑞氣는
저 소도의 기괴함은
바로
그 힘이다

부디
놀라지 말라!

영원산성 鴿願山城

내 집
남쪽창 너머
아침마다 바라보는 영원산성
슬픈 궁예의
꿈자리

이루지 못한 중조선 고구려
이루지 못한 여인의 수덕만세
이루지 못한 화엄개벽 대신시의 꿈

가파른
영원사 상원사까지
헐떡이며 오른다만
거기

궁예는 없고

양길을 흉내낸 원주 호족들
저 잘난 체 하는
우뚝 우뚝이들
왕건이 만세 부르는 절골 인근의 숱한 숱한
그냥 바위들

솔들이 울부짖는다
궁예의 슬픔 소망을 하늘에 대신
소리쳐 주장한다

차라리
건너편 백운산 쪽에서
대답이 오더라

갈라진 번쩍바위에서
쿵 –
또다시 쿠웅 –

세상의 인가를 받아야만
태봉의 꿈은
칼 빛을 빛내리라

가장 큰

그늘은 그늘로부터 오는 것
제 아내와
아기들의
피로

피로 물든 궁예의 마지막 죽음

철원
신철원 날카로운 영금산
울음산에 가득 찬
통곡소리로
슬픈 패망으로

DMZ에 숱한 망한 혁명가의
있으나마나한 자취들
그 오소소함으로

아아

영원히 반복되는가?
지금도 여기
저리도 되풀이 되는가?

내 집
남쪽 창 너머

아침마다 바라보는 영원산성

슬픈 궁예의
꿈자리

거리에선 지금도 여전히 되풀이 되는가?

박달재를 넘으며

'천둥산 박달재를
울고 넘는 우리 님아
물항라 저고리가 앙가슴에 젖는구려
왕거미 집을 짓는 고개마다 구비마다
울었소 소리쳤소
박달재의 금봉이야!'

이렇든가
틀렸는가

그 박달재 500을 넘는다
나에게 누가 있어
엄마라 하는가
엄마가
누구를 젊어 애타게
사랑했다고 고백하는가

나는 안다
비록 훗날의 짝퉁이지만
이 고개가 정도령의 선도仙道요
박달나무 밑
어차피 뒷날 먹물들의 거시기지만
돌 쌓은 골짝들 골짝들

아아
그 옛 신시의 자취임은 분명한 자취
옛 단골들
여인들이 빌고 빌던
천지인天地人 그 밑에
저마다의 제멋대로의 수왕水王에서
온 우주에 밥 한 술 옷 한 벌을 빌던 그래서 또 물가에서
목계선창나루 파시波市에서 빌던
그리해
추고
또 춤추던
비단 깔린 장바닥이요 솟대임을

이제야
알겠다
천등산天登山 지등산地登山 인등산人登山 아래

저마다 다른 물목
남한강
충주호
삼탄강이 고여고여

허허허

수왕水王이 천지인天地人을 함께 오르던
흉내나마 어찌됐던
백두白頭 신시神市의
그 천지天池가 바로
짝퉁이지만 분명 이곳은
이곳임을

나는 남한강 작은 산 뒤 엄정, 금가에서
서계에서 율리에서
나는 큰 파시波市 물목에서 이름만으로라도 한번
재원의
또
그 산시山市로부터 다시 한번
지난다
지난다

지나며
왜 이곳이 이제껏 수천 년을 잊혔는가
왜 어째서
수천 년 후에 비로소 짝퉁으로나마 기억났는지
뚝

모권제母權制 짓밟힌
그 삼천 년처럼 잊혔는가
중조선의
한 여인 성지聖地

이곳이 그리도 흔해 빠진 금봉이
과거科擧타령의 연애골짝으로 둔갑했는가

허허

꼭대기
한 찻집에 선
나무 마고麻姑가
장승인 듯 비웃는다

'왜 이제 왔는가'
'왜 이제야 묘향산 진몰지珍沒池'

56

그 생각이 났는가
'왜 여기서부터
신라 경순왕景順王 죽은 귀래歸來와
그 너머 양안치 너머
흥업興業의 궁예弓裔 누이
그 사이 양안치兩岸峙
그 희비리喜悲籬 너머 서기瑞氣가 생각났는가'

왜 영원산성 입구의 큰 곰은
천은사 곰네미에서 사라졌는가

돌아온다
돌아온다

또 다시 이 원만이

넓어서만도 아니다
산과 강과 벌이 모두 있어서도
아니다
그 중간이어서는 더욱 아니다

문제다
문제는 여기 이곳 한 글자

궁弓
문제는
삼태극三太極 밑에 저마다 숨은
천지天池 속
새 하늘

한 여인의 한 젊은 여인의
젊어서 겪은 아픈 사흘간의
짝사랑

그 파아란 새 하늘
서러운 흰구름

그
궁弓

활 궁弓 자

하나

아아아 나의 새 조국이여 미래여 우주생명학
바로
용화龍華여

다 젖히고
끝내 남는
벼루박달 뒤
상제봉 너머
자양영당紫陽影堂 십 년
공전公田의 주인들이
슬쩍 스쳐 지난
제천쪽 박달문 뒤
아아
세고비 숲길 거기
아로새겨진 열아홉
한
황해도 처녀의

용화龍華
용화龍華여!

소사화蘇思和와 해인亥人

평창平昌 올림픽이
이번에는 실행될 건가
되기를 바란다

끝없이 내리는
이 온난화 유행 속에서
한 겨울을 내내 내리는 강추위 속의
폭설이

알펜시아와
동해안의 새 바다

나아가
오호쯔크해며 사할린이며
캄차카의
모오든 새 시대 곤괘坤卦를
누른 치마의

화엄으로 바꾸시라
진부珍富를
대관령을 넘어

나 월정사月精寺에
자장慈藏 공부 탄허吞虛 공부 아니라
저 예맥시절
파시波市의
두 여걸 소사화穌思和와 해인亥人을 찾아간다

그 유명한 전설 속의
획기적 재분배를 찾아간다

그들이 어떻게
남모南毛와 준정俊貞으로 계승되려다
실패하자
삼한일통三韓一統 때

여인중심의
그 30만 예맥

호생불살생好生不殺生
호양부쟁好讓不爭의

불사군자不死君子 나라가

순식간에 사라졌는지
어디로 갔는지
북으로 갔는지
남으로 갔는지
산으로 바다로 아니면 대륙을 넘었는지

어디 한번
찾으러 간다

나
간다

마고麻姑 이래
일만 년 하고도 삼천 년

그
중조선의 신시가
어째서
어디로
순식간에
사라졌는지

나는 이미 그 옛날 기인 감옥살이에서 풀려난 뒤
두타산 무릉계
시커먼 골짜기를 오르며
우물터가 오십 개가 있는 두타산
그래서 무릉계 너럭바위에
토포사 10여 명의 거대한 이름 새김이 널린 어허 더러운
그 이름들이 여기저기 널린

그래서
6 · 25 때는
피복창 일곱 군데
그 게릴라전 때문에 주민 오천 명이 몰려 포위 돼
화공으로 불에 싸여서
지금도 아예 바위까지 시커먼

거기
검은 산에
참 하얀 방

삼화사三和寺 해인삼매海印三昧와 예맥의
생명평화가
여인들 속에서만 몰래 천 여 년을 살아 있었다는

비밀을
그 진몰지珍沒池를 찾으러 간다
산천山川과 민족民族의 대화엄大華嚴의 한 팍툼을 찾으러 간다

진부珍富에서
내 발은
오대산으로 갔으나
내 마음은 그때 이미
두타산으로 미천골로
아아
저 상서로운 구룡령九龍嶺으로 갔어라

가서
지금껏 돌아오지 않았어라

돌아와
지금도
원주 변두리에서
그들
30만이 다시 넘어왔다는 영서
예맥의
화엄세계
호생호양好生好讓의 불사군자不死君子의

실증을
지금도 지금도 산천에서
흙에서 물빛에서 찾아
헤매고 헤매어 다닌다

소사화蘇思和와 해인亥人

두 여인
하나는 보름달
하나는 애기달

두 달의
해인海印

그 개벽을 찾아
묘연妙衍을 찾아
지금 이 순간에도

아니다
두 여인
하나는 이씨스, 하나는 고르곤

아아

내 찾는 여인의
한 이름을 찾는다면

바로
'흰그늘'

검은 산 하얀 방의 바로 그 엄마

아마도 그것은
미천골?
아마도 그것은
초미初眉?

아마도 그것은
아마도 그것은…… 그것은…… 그것.

그 서기瑞氣의
정체
희비리喜悲離가 아님에도 희비리喜悲離와 숨은
연관이 분명히 있을 그것을

아아아 바로 그것을.

주눗거리 곤지암

다들
곤지암을
천진암과 똑같은
천주교 성지로만 생각한다

사실이
그렇다

그러나 곤지암의 곤지암은
옹청 박물관

옹청은
바로
주눗거리 주막자리

그 주막 무엇하던 곳이냐
개벽

이미 십구 세기 말
동학과 서학이 함께 조직을 위해
만나 의논하던 곳

아는가?

해월이 주놋거리 주막에서 서학 옹기장이
요섭要攝을 만난 것을 아는가?

해월이 물었다
'당신은 누구인가'
'옹기장이요'
'서학이군. 이름은?'
'요섭'
'무엇을 할 수 있는가?'
'요인포섭'
'요인이 누구인가?'
'아기들, 아낙들, 쓸쓸한 사람들'
'……'

해월의 낯빛이 화안해졌다
해월이 나직이 소리질렀다

'개벽이다
나 죽거든 여기 여주강 곁 높은 곳에 꼬옥 묻어다오
아기와 아낙들의 강물을 거쳐서야 참 개벽 오느니
그곳에서 동서가 만나느니
이섭대천利涉大川이리 용섭대천用涉大川이겠거니'

해월이 좌포청
지금의 단성사 뒤편에서 처형돼
종로 길바닥에 버려졌을 때

아는가?

동학당 두 사람과
또 한 사람
서학 옹기장이 요섭이 한 밤
함께 송장을 거두어
이천 주놋거리 여주 강가에 묻었느니라

분명 아는가?

그것이 서학에는 새 시대의
동방 예수의 길이었음을
알고나 있는가?

아

옹청 박물관 입구
높은 삼거리 구멍가게들
거기가 바로
주막자리

나는 어느 가을날 그 자리에 우뚝 서
할 말을 잃었다
사방에 화엄수련장 가는 말뚝들 쳐다보면서
뜨거운 눈물 한 오리
강가의

해월이 왜 고향 가지 않고
이곳 객지에 묻혔는지
남신원만북하회南辰圓滿北河回는 다만
수운水雲만의 시가 아닌

진몰지珍沒池의 비밀이요
세계의 암호

오늘
오고 있는 개벽의 가르침

아마도 첫 번 가르침

요섭의 이름 뜻
바로 그것이다

'모심!'
아기들과 아낙들과 쓸쓸한 사람들의 강물.

내 안에 있는 커다란 유리琉璃

내가 누구인지
내가 이제 무엇을 어찌 해야 하는지
생후生後
이리 분명히 안 적
없다

어제
나는 눈으로 이름난 평창너머 용평너머
진부너머 대관령
그리고
강릉엘 갔다

없다

내가 만나러 간 옛 금어金魚의 바닷가
찻집을
두 번째나 못 찾고 말았다

전번은 그 큰 눈 내리던 날 또 오늘은
새푸른 하늘 흰 구름이 너무도 아름다운

금어金魚에게
단 한마디

동해의 유리바다가 아마도 올여름부터
북어 대신 민어가 잡히는

여름엔 시원하고
겨울은 따뜻한

유리의 바다가 온다는 그 이야기뿐

없다

때문에 오리궁디도 소금강 처갓집도 못 가고 이내 돌아온다

가며 오며
나
한없이 속으로 울고 또 운다

산 위의 하이얀 서기瑞氣

산 사이 푸른 하늘의
아득한 어린 날들의 로만틱

이제
참으로 어려운 시절 닥칠 적에
혼자서 찾아갈
참 뜨락 하나 열렸다

거기서
사람 아닌 머언 해인海印이
해인海印 모심이

돌아오는 나를 향해 자꾸만 부르는 소리

오너라
오너라

쓸쓸할 땐 어김없이 찾아오리라

못난이 영일아
칠칠이
울냄이 쪼다 영일아

그래 텅 빈 유리같은 이 애갱애갱 울보 애갱치야.

양양 미천골

이 세상에
미친 여자가 사람을 구한다면
웃겠지
모두 웃겠지

그러나 웃지 못하겠지
미친 물이 사람 목숨을 구한다면
되려 놀라 가슴을 쓸겠지

그 미천골
7킬로를 갔다

구룡령 화엄산천 구불구불구불
말없이 놀라며 지나 깊고 깊은
저 절벽 사이
한 줄기 물흐름 따라 오르고 또 오르고

아
하나하나가 다 다른 꽃 〈메가네〉며
아
모두가 모여 다 한 꽃인 〈분빠이〉다

열아홉 살부터
삼십 년 간 남대문시장 옷가게 장사하던
오십 먹은 소금강 술각씨
놀라 외친다

메가네야요! 분빠이야요!

나는
놀라
크게 놀라
외친다

자네 그 〈메가네·분빠이〉라
바로 지금 곧 와야 할
새로운 세계 시장의 획기적 재분배 원리!

자네 그 〈메가네·분빠이〉를
지금 이미 와 있는

미천골 음혈 풍수의 비밀로부터 깨달았다는 걸
자네가 바로 미친 여자야! 시뻘건 불바라기! 하하하하하!

'몰라요. 모르고 싶어요. 몰라도 좋아요.' '히히히히히'
'오호쯔크 바다 너머 캄차카
연해주 이편 바이칼
거기
안 가고 싶다?
앞으로는 거기가 대박이야!'
'......'

나는
미천골에서
아랫도리약 시뻘건 불바라기
약수藥水보다
이 오십 술각씨의
삼십년 남대문 경력에서
새로운 시대의 오일장

아
'신의 우물'을 만난다

폴라니가 그리워하던

스탠필드가 사모쳐 그리워하던
안젤리카 죠안나가
그리고
내 친구 좌계左契가 강화 마리꽃들이
그리도 그리던

한
신시의 시뻘건 지혜를 만난다

지금
그녀는 어디 있는가
지금
그녀는
아직도 미친골인가

약수인가
약초인가
새 시대의 산알인가
비단 깔린 장바닥인가

웃겠지?
모두 웃겠지?
〈메가네〉는 안경의 일본말 〈획기성〉

〈분빠이〉는 재분재의 일본말 통용어다
분명 웃겠지?

미친 여자
〈불바라기〉
약수藥水가 아니라고 분명 깔깔깔 웃겠지?

아이들이 떼죽음 당하고
삼밭에 삼대처럼 쓰러져 죽은
마야 달력의
저 불길한

쫑

2012년

아시아의 지혜를 품은 의미심장한 대침묵
그 대병겁
검은 괴질 앞에서 히히히 히히들 웃겠지?

미친년이라고
그래
히히 웃겠지?

웃어라!
실컷 웃어라!
그러다가 모두 뒈져라!

〈메가네·분빠이〉야
너
지금

오카치마치 옆
아메요코에 가 있는
젖통 큰
장사꾼과
살살살살
이리로 살살
돌아오너라
부디 오너라 와 허허허허허
때가 가깝다

허!

두타산 무릉계 삼화사에서

그 무서운
그 서러운 산
두타에는
얼굴조차 돌리지 않고

그 시퍼런
토포사의 대륙 무릉계에는 단 한번
눈빛조차 주지 않고

삼화사三和寺 사람에게
두타산의 역사 한 권 받아 돌아오며

차 속에서
눈 감은 채
입속으로 뇌인다

'너

예맥의 삼십만 은적지
세 개의 비석자리 오십 개의 우물터'

호생불살생好生不殺生
호양부쟁好讓不爭
불사군자지국不死君子之國

생명평화의 조국 예맥의
그 숨은 땅

그래서 지난 전쟁 때 시커먼 불탄 송장들

오천 명이 바위가 되고 까마귀가 되고
나무가 되고 물이 되고
낮게 흐르는 우울증의 궁지렁대는 영혼의
소리 소리 소리들이 되어
지금은
철썩인다

두타산 무릉계

세 신부와 한 스님의 고향
저 유명한

한 좀도둑의 고향

그러나 이렇게 하자
너의
그 오십 개의 우물에서
누가 아는가

흰그늘의 산알이 산알이 서려
천 여 년 기다린 그 산알이 다가오는
대병겁 괴질 시대에
세계를 구할 약수가 될런지 약초가 될런지

아니
그럴 것이다
아마
그렇지 않을 것이다

아마 아마 아마
불연기연不然其然 기연불연其然不然
그렇다 아니다
아니다 그렇다

꼭

꼬오옥
그럴 것이다.

앵봉鶯峰, 신륵사神勒寺, 한백겸韓百謙 묘墓

너로부터 시작되는
모오든 이야기며 시쓰기가 싫어

나 항상
볼펜을 들면
우선
나로부터 시작하는 버릇이 생겼다

기위친정己位親政이요
무위존공戊位尊空이다

영어나 불어는 잘 하면서
한자 모르는 건 또 뭘 그리 잘난거냐
그렇다고
내 말이 중국놈 만세드냐

아니다

너
이것 알아둬
한자는 본디 동북방 아시아
17개 민족의 공동 창조물 공동 사용어란다
그게 다만
후대에 짱꼴라가 독점개발 했을 뿐

그래서
명사
개념어가 많아 역사의 기록
나
이제
이천군 실성면 수산 1리 영산동
논 가운데 자그마한 봉우리
앵봉
꾀꼬리봉에 갔었지

거긴
내 선생님 세 분이
다른 여섯 분과 함께
화엄개벽 구인회九人會를
동학혁명 실패 직후에

그래

스물여덟 살
한 여자 모시고 새로이 시작한 곳

1895년 음력 4월 5일
수운선생 득도한 날
그날 기념으로 낮 11시
향아설위向我設位
모심사상 발표한 그날 밤부터 그 이튿날
새벽까지다

그래

거기야

나 어제 아침 거길 갔었다

무슨 깨달음 하나 얻으려고
그 전날은 동쪽 캄차카 바라 곤괘坤卦로 갔으니
어제는 서쪽 베트남과 아프리카 바라 건괘乾卦로
물의 시대
그 뒤 그 물밑 새 하늘 찾으려

가시나무 얽힌 작은 봉우리 위에서
내 마음 치는 것
한 마디

'끝'

나는 내려 걷기 시작했지
새로운
시작

어째서 끝나고 무엇이 시작일까?

내 이야기 임에도
모든 고통, 모든 극복, 모든 책임을
아내가 걸머진
엊그제 사건에서 크게 깨달았어

끝
그리고 시작

선생님 말씀하시던 부인 물 속의 월경이
북극태음의 물을 바꾸는 개벽이
화엄을 향해 오고 있는

시작

아아 음개벽陰開闢

나의 분노와 고통과 울부짖음의
끝

나무들 사이 하늘은 너무 아름답고
잔숲들 너머 마을들 야산들 논밭들은
너무도 원만해

선생님이 어찌해
이곳에서 수왕사水王史를 시작했는지
이제야 참으로 깨닫는다

남신원만북하회南辰圓滿北河回

물이 변동하기 시작하니
좆달린 놈들
꺼벙대는 시절은 참말로

끝

내린다 내린다 내린다
여주 신륵사로 내린다
뒷날
거기 사흘 밤낮을 잠 없이 화엄 생각한 선생님
금강산 빈삼화상彬杉和尙, 내홍內紅스님들 함께
거기서

참 미륵은
엄마라는 것
애기 가진
큰 엄마

그래 갔더니 십주문十住門은 모조리 가게, 음식점
커피집들, 날라리 상점들로 복작 복작 복작

다 좋다
동진불염同塵不染!
다시 떠난다

강천 부평 쓸쓸한
빈 들에 가
기전제箕田制의 한백겸韓百謙 무덤 앞에 선다

아
이제야 그 무덤 돌 거북이
고개를 외로 꼰 까닭을 스르르 깨닫는다

노겸勞謙

일은 많이 하고
겸양은 백 번

내 갈 길
새삼 깨닫는다 쓰라리다
세상은 이제
괴질怪疾과 함께 음개벽陰開闢

'좆달린 놈은 오로지
그것 다 이루어주고 나서
한 푼 없이
텅 빈 몸으로 무덤 향해 떠나라'

그것이
오늘 나의 공부
나의 끝과 시작
그것이

선생님의 화엄개벽
수왕회水王會의
가르침

삶의 길, 생명 평화의 드넓은 높은 길

오늘이 조선일보 2월 28일자 토끼해 최보식 기자
토지문화관 김영주 관장 인터뷰 나간 뒤 꼭 사흘만이다

나의
참
개벽 날.

황혼에 돌아오다

황혼에 돌아오다
칠십 황혼에
마침내 다섯 살
외로운 두꺼비 친구 꽃 한 송이
영일英一의
그 함석집으로 돌아오다

창밖 봉화산 숲에 붉은 노을 깃들고
아파트 사이 쓸쓸한 길
한없이 바라보다
돌아왔다

내 그리도 그리던 다섯 살의 내 집 내 고향
산정리 구시나무집 아래
그 검은 함석집

붉은 꽃그림으로

모란꽃 잎사귀로
하늘 오르던 그 시절
꽃 한 송이
영일英一

이제 육십 여 년 지나 이제야
나의
한 화엄세계로 돌아왔다

나 이제 할 일은 단 하나
단 한마디뿐
그것

아
'모심!'
못난 모심.

한밤중 아홉 시에

배부른 산 무실리無實里
한밤중 아홉 시에

두 패거리가 거의 한꺼번에 문을 두드린다
세콤과 택배
왠 이 한밤중에?
테러?
그들이 보낸?

마음 깊은 곳 가느다란 실낱소리 하나 들린다
'칼'

'내일 오시요!'
한 마디로 짤라버리고 텔레비를 보다
이내 내 방에 들어
금시 잠든다

한밤중의 테러?
그들이 보낸?
그 따위
하나도 무섭진 않다 나는 이미 새길
천번 만번 찢겨도 이젠
나
내 길을 갈 뿐

그러나
이것 하나만은 불변이다

그들은 이제
그런 일
감히 못함

이것이 참 새길이다.

나의 어린 날이 다시 여기에

세계개벽과 평화를 위해
화엄공부 하러
오대산

월정사 자현당 방산굴
탄허스님 그 골방에
들어가
꼭 백일을 공부하다 왔다

그때
대강은 알았으나
나의 화엄은 아직 아득하더니

어제
내게
한 소식

나의 화엄
한 작은 꽃송이
내 이름 영일이 다섯 살 때
그 두꺼비, 채송화, 할미꽃과 참새의 친구
구시나무집 성일이
성일이 삼촌 정일담 전설 속의 아름다운
내
그 어린 날이
여기
내게 왔다

나의
화엄華嚴
배부른 산 무실리無實里에 이 편한 세상의 역易

이제 알겠다
토지문화관 있는 오봉五峰이
오태산五台山

자행동녀慈行童女의 거처
사자당獅子幢이 비로자나毘盧遮那의 장전藏殿 씨궁전이란
화엄경
그 한 구절

보름달 이어 흰 애기달에게
해탈장자 미가도
큰절 무수히 무수히 바치는 그 깊은 모심의 뜻
그 한 구절

아무 조건 없는 해탈, 무승당해탈無勝幢解脫을
묘언다라니妙言陀羅尼로
자재주동자自在主童子 엄청난 엄밀과학 능력의 비밀을

선견비구善見比丘
의젓한 인품 지혜의 참다운 까닭

대강은
대강은 이제 알겠다

대강!

칠십 황혼에 돌아와
다섯 살이 여기 돌아와

그 무렵

함석집 기대어선 붉은 시골길

그 흙길 노을 위에 서리던
내 다섯 살의
그림자

한 노을녘
눈물 흘리던 그러나 반짝 흰빛의
성일이
날 부르는 소리 들리던

그 시절
그 한 흰그늘

나 이제 살아났고
나 이제 죽어도 다시 살아났고
나 이제 아무리 괴로워도
누구든 미워하지 않겠고
나 이제 나 이제
화 내지 않겠고

나 이제
결코 결코
나의 꽃그림 못난 모심에서 머얼리
조치원

부평 대전
시커먼 기차 어지러운 버스 속 어린 날의 긴긴
멀미에로
나를 던지지 않겠다

아버지 찾아헤매는 아득한
유랑에
뒤이은 젊은 날의
잇따른 중년 그 미친 세월 분노의 시절에

나를 던지지 않겠다

아
배부른 산
무실리無實里

한 노겸勞謙의
끝

꽃 한 송이로
비록 절망이나
머언 영원산성 향해 한 영산홍으로
이리 피어난다

이렇게 산다
못난 못난 실패할
모심

곁에서 우리 땡이가
날 지킨다

이제 남은 건
끝없는 모심 뿐

그리고는
희비리喜悲籬 시쓰기와 서기瑞氣의 꽃그림까지 간다면
참 서기瑞氣겠다만

못난, 실패할
그러나 흰그늘의
모심

아아

다섯 살
귀향歸鄕!

한때 너무 밝은 그 한 날

기인 긴
대낮의 한없이 지속되는
장광설

내 얘기다
참으로 오랜만의
근 네 시간에 가까운

항구 부산의
후배들이
모처럼 문화관에 와

귀래 손짜장 먹고 경천묘 구경하고
양안치 너머 흥업쪽 오봉산 아래 매지 회촌골 거기
다시 와

디도스 슈퍼박테리아

산알
지역과 종교와 글로벌 네셔널리티
그리고 화엄개벽 묘연의
모심

모두 모두 여인 이야기

나는
언제 항구에
저 어둑한 남쪽 별 바라
남행南行하는가

누구도 나를 보지 못할 것이다
말소리만 들릴 것이다

누구도 나를
따르지 못할 것이다
자기 길을 갈 것이다

일본의 아메요코
캄차카의 이뗄멘
신화 칠천 개 그리고
베어링의 저 웅혼한 주문의 비밀

'이카이카루 데여무 와야스무이 코낭카투이'

새야 새야
네가 가는 이 바다의 끝은 어디냐
내가 숨은 이 깊은 물속의 새하늘 아니냐!

물의 시대에
자갈치 시장에서
가덕도로

용옥이가 아기를 안고 죽어간 그 바다 밑
가슴속
그 십자가의 비밀은

아아
그렇다 이제야 비로소
해인海印만이
개벽이다.

누가 누구더러

누가
누구더러
이래라 저래라 하는 시대 아니다

모두가
제 좆꼴리는 대로 사는 시대요
남 생각 죽어도 안하는 때 그래서
꽃이라 해도
참
꽃같지도 않은 재스민

아
오늘

바로 제 좆에서 참말 보지를
흰 월경月經을 놀라 발견하는
거대한 우주의 존재를 새로이 깨닫는 때

그래 북극의 물이
싸모아 발랑까의 뜨거운 물이 펑펑 솟아
오호쯔크 바다는 되레
써늘한 유리의 예감
석달을 한 봄날에까지도 폭설내리 쏟아지는 기이 괴이한

오늘
차 속에서 치어다본 백운령
이상한 서기瑞氣에서

내가 가는
이 길
이 희비리喜悲離 길을 거꾸로 내려다본다

아직도 막막한
허나
'이익공유제'만이
유일한 푸른 하늘 새하얀 구름

실감이다

언젠가의 오일장

나 또 거기 갈 수 있을 것인가

늙은 할머니들
낄낄 웃음
다시 볼 수 있을 것인가

멀고 먼 바다가 미륵산 사이 흘러와
그 물을 타고
예맥으로 가던 한 신라의 국노國奴
고자봉高自峰에서 감동해
귀래 미륵석불 밑에서
숨어살다 죽은 주포리走浦里 거기서 고개 너머 흥업興業의
팔포리八浦里로 기운 뻗어간 그러나

아아
이젠
상식이 된다
할머니 손짜장도 이젠 그저 당연한 것
허허허허허

귀래歸來와
흥업興業 사이의
오묘

미묘한
양안치兩岸峙

허허.

이익공유제와 소말리아 해적 소탕

정운찬의
이익공유제와
김관진의
소말리아 해적 소탕은
시詩다

내가 현 집권층의 어떤 일을
참으로 감동하기는
처음

처음은 호혜와 교환이
객관적 시장패턴 안에서
현실화하는
길

다음은 글로벌 물의 시대에
민족의 생명을 지킨

한 작은 나라의 커다란
모범

난
처음으로 국가에 대한 만족 비슷한
촌놈다운 안심에 사로잡힌다

'시골에 잘 내려왔다'
사람은
제 사는 위치
일위一位 안에서
일체위一切位를 보는 법

옛날의
한 술꾼이 날더러

'자네는 턱밑에
우주를 기르고 있어!'

무슨 소린지를 몰랐었다
그이 가고 나서
한참 뒤

턱밑에 무슨 수염이 난 게 아니라
붉은 반점이 하나 나타났다

그 원인이
곧
우주행성 간 화이트 홀
옐로·보우넛의
한
아미노산酸 증세

우주영양분이다

오늘
이리 생각한다

성배聖杯의
우주기원

단순한
홍익弘益 이화理化도
호생불살생好生不殺生 호양부쟁好讓不爭도 아닌

여성적

획기적 재분배와
물의 네셔널 글로벌리티

십이제국 괴질운수 아동방이 먼저 하네의
대답인
그 어떤 '먼저'

문화다
시다

역시 근현대의 가장 위대한 예언자는
백범白凡

그 옛은
신시神市.

김만겸 金萬謙

모심을
내 삶의 전부로
작심했다

엊그제 한백겸韓百謙묘지에 가
돌거북이 왜 고개를 외로 꼬았는가
그 까닭을 알았다

'백번 겸양하라'

돌아오며 겸양하리라 겸양하리라
결심했다

그런데 어제
부산후배들 여럿 앞에서
세 시간을 떠들며

내내 오만불손에 반말에
잘난 체 으스댔다 후회도 없었다
이리 해라 저리 해라
명령 명령 명령 명령

오늘 아침
내내 이가 아프고
묘연화엄역妙衍華嚴易 공부는 그만 파탄되었다

왜?

왜?

마음 깊은 곳
잔잔하게 대답이 돌아온다

오만
오만
오만

아아
독하디독한 치통약을 꿀꺽 마시고 앉아 결심한다
백겸白謙이 아니다

만겸萬謙하리라

아

모심없이는
화엄역華嚴易도 없다

아내가 밖에서 돌아온다
땡이가 반가워 야옹거린다
창밖에
저 그윽한 양안치의 서기瑞氣는
배부른 산은
그대로다
그대로

무실無實을 무실茂實로 착각했구나

그래
묘연妙衍을 잊었구나

김만겸金萬謙아
여인으로부터
3천년 고개 숙인 엄마들로부터

새겨
배우라!

금방 치통 가라앉고
마음 고요하다

'고맙습니다'

잘 버릇하지 않던
난데없는
합장合掌

발가락이 웃는다 헤헤헤헤헤

날짜를 기억한다
토끼해 토지문화관 삼월 오일 2011년이다.

내 벗이 몇인가 하니

내 벗이 몇인가 하니
아무도 없다
이 세상 어느 하나도 벗은 없다

다만
수석송죽水石松竹과 그윽한 산천
모두다

그들이 벗인가
하긴 고양이딸 땡, 딱정벌레 앙금이
광암리 막국수집의 빡새들
월정사 다람쥐와 청도 숲속의 깩깩이
옛 함석집의
두꺼비 맹꽁이 채송화 할미꽃

벗은 벗이다
그들이 벗인가

오늘
문득 아님을 뼈저리게 느낀다

나는
소·돼지 사백만 마리
오리·닭 수십만 마리나 살처분했다

아직도
닭도리탕 보신탕 비프스틱 어쩌고
우리에 가둬놓고
그저
잡아먹을 생각만 하는
벗?
그것들이 벗?
웃긴다

몇인가 하면?

물(水)은 파헤쳐 한없이 더럽히고
돌(石)은 사방에서 두들겨 부시고
소나무(松)는 백 년 안에 끝난다 하고
대나무(竹)는 요리조리 장난질

벗?

사람이 내 벗이 아님을 이미 옛날
세상이 다 아는
김지하의
외로움이다

벗?
벗?
벗?

아파트 아파트 사이

창밖
아파트 아파트 사이
쓸쓸한 길 한 귀퉁이 바라보는 것
나의 일이다

가끔씩
차
사람
그리고 그늘
어떤 땐 흰 햇빛
그러다가 이윽고 빠알간 황혼

밤

내 안에서 세계가 참으로 침묵하는 시간

내 귀엔

아무것도 없다

멍

내가 부처 되는 때

하아얀
세월이
의미 없이 흐르는

멍의
우물

시작도 끝도 과정도 없는

멍−.

진부珍富 가는 길

행여
북한의
묘향산妙香山에 있다는
옛 조선의 비밀을 이여송李如松이 파묻었다는
그곳
그 진몰지珍沒池 아닐까

행여
내가 지금 가고 있는 곳
진부珍富가
진몰지珍沒池가 아닐까

첫길만 아니다
두 번 세 번 네 번
이젠 갈 때 마다
영원산성에
신라왕자 궁예가

버림받은 애꾸눈 세달사世達寺에서
미륵공부 화엄공부 법상종法相宗하던 웅지의
궁예가
남신원만북하회南辰圓滿北河回한 비밀
그 진몰지珍沒池의
그 원만의 비밀 찾아올라온
진부珍富가 아닐까
오대산五台山이 월정사月精寺가 적멸보궁이
혹은
우통수于筒水가
바로 그것 아닐까

마음은 달뜨고 머리에 해 떠오른다

그럴까

아니겠지 물론 아니겠지마는
그럴는지도 몰라

공연히 자장慈藏이 중국 오대산에서
문수文殊 만나
명주溟州 얘기 들은 건 아닌 것 같다

간다

환상이라도 아름답다
진부珍富까지
눈이라도 올 적엔

왜
왜 그리 아름다운지

이제
의심치 않는다

한반도의 기이한 비밀의 땅
진부珍富
아내는 처음 갈 때 조용히 말했다

'공연히 진부일 리 없어요
산빛이고 공기고 풀모양 등이 다아 다아 다아아―'

내 가는 길

썩은 어금니랑
아픈 이 네 개를 한꺼번에 뽑고 나서
문득 구룡사九龍寺
화엄華嚴 옛절을 간다

마지막 저 먼 북동쪽
비로봉 새푸른 빛 빼곤 모두다
관광의 숲 구경거리 산

내 가는 길은 아니다
어딘가

차라리 호저好楮 고산 송골에서
횡성 가는 아무도 안 다니는 쓸쓸한
잔 숲속
외길

반곡길

내 가는 길

내가 산에서 가장 좋아하는
시시한 산구릉 낮아직한
잡목숲 한 귀퉁이

바다 대신 산을 좋아하는 나이에도
이러니

난
별 볼 일 없는
그저도
쌍놈.

단계동 생태탕

나
열세 살 때
목포에서 원주로 옮겼을 때

아버지는
원적을 바로
무실리 과수원 근처 단계동
밭 가운데 개울 흐르는 18번지로 옮겨놓았다

지금의
장미공원?

그 단계동은 요즘 왼통 식당이고 마사지클럽이고
술집에다 당구장 시뻘건 네온들

그 한복판
한 생태탕 집에서

옛 대학 같이 다니던 선배
상지대 총장님
만나

대구탕을 먹었다

이를 넷이나 뽑고 둥둥 부은 입으로
먹긴 먹었다

총장님은
한백겸 기전제箕田制원고를 건네며

'이제 우리
한 달에 한 번씩
꼭 만나자'

친구가 단 한사람도 없는 원주다
얼마나 고마운가
얼마나
정다운가

명목은
옛 고향인데

이곳에서

총장님의 옛 옛 옛
예쎼닌 시행을 듣는다

예쎼닌

원주의 첫 친구 옛 선배의
입에서 옛 옛
시인의
시를

내가 그때 지독한 공산당이었다고
지금은 반동분자라고
악쓰는 애들
가득한 이때 예쎼닌

내가
예쎼닌을 외우며 한없이
눈물 흘리던 시인이었음을 생각한다

명목만의
옛 고향

붉은 개울

단계동丹溪洞에서.

앙금아 내 애기

재작년 봉화산 기슭
가을날에 만난
딱정벌레

앙금이

작년엔 다리 다치고 월정사 있어
못 봤다
너
항상 그렸다

올 가을에는 꼭 만나자
좁쌀알만 한 흰 벌레

붙들면
딱—

동작 멈추는
숨도 안 쉬는

다섯 살 때의 똑 나 같은

그래서
고통을 이겨내던
치과의 그 지옥을 이겨내던

그 다섯 살

이제
이곳에서 회복한 그 함석집 시절

앙금아
내 유년

동작정지로 고통을 대하던
내 친구들 벌레에게서 배운

아아

경찰서에서 정보부 지하실에서

밤새워 지지볶는 심문실에서 끊임없이

나는
다섯 살

앙금 앙금 앙금아

이제
황혼에
돌아온

나의 유년아
새푸른 하늘 눈물 나는 기억아.

아무도 몰라주는

어제는
서울 이삿짐이
내방 촛불방으로 올라와

아픈 이 아픈 다리 끄을고 귀래歸來로
손짜장 먹으러 갔다

간 김에 경순왕 주포리 미륵산
경순묘 지나
목계 파시波市 지나 박달재
천등 지등 인등
그 남한강 충주호 삼탄강의
세 수왕도

돌덤부락 산시山市 정도령도 지나
신림神林 안덕사 두고 굿당도 지난다
어허 지난다

참
오랜만에 영원산성鴒願山城
궁예의 땅에 오른다
가파른,

그래
언제와도 서기瑞氣뿐인

그러나 똥구멍 같은 년놈들
아무도 몰라주는

허허

거기
상원사 길 막힌 거기
영원사 마당
거기 거기 거기

나 없이는
나 안에 숨어 짖지 않으면 안 되는
배 부른 산
무실리無實里
이 편한 세상의 영산홍映山紅

흰 폭설의
지난 두 달 너머
내내 활짝 피던 그 새빨간
영산홍

피었다
피었구나

아무도 몰라주는

내 아내
수왕水王의 꽃

지금은 이름조차 크게 달라진
아크발라이·쇼크니아바의 재스민

내일 올
아기들 고통에
슬픈 예감으로 붉게 붉게 피어난
말리화茉莉花

저 산성山城 돌덤부락 위에까지

피었다
피었구나

이 경칩 지나 눈 날리는
이 개벽시절에도
아무도 몰라주는

대화엄大華嚴의 서곡
궁예의

저 슬픈 아내의
두 아이의

죽음
울음산의 서곡
말리茉莉
재스민 영산홍映山紅

이젠
이름조차 크게 달라진

어둠 위의
참빛

싸크라리온

자행구족慈行具足이여 마야摩耶여

오호 구파瞿波여

일일이일화식조붕대성불一日二日花蝕鳥鵬大聖佛이시여!

머언 부산의

이곳에서는
머언
부산의

새로운 삶

이제 그 삶에 열두 가지
꽃

아니다
열다섯 가지 우주 새 삶의 꽃

아니다
열여섯 가지 영의 꽃

피리라 피어나리라

소식이다

가덕도에서 죽은 용옥이와 그 애기
비행장 대신

물속의
새파란 새하늘.

아마도 거기

아마도
거기

그 그림자 가득 찬
동백꽃의 거기

먼저
기이한 죽음
여섯 그루 다녀간 뒤

거기
흰 동백꽃 문득 필 것이다

그때
춤과 노래
산알도
약물도 올 것

내
물이라 말하겠다 그때
그곳에 이는
빠알간
꽃

이제 아무도 그곳을
죽음이라 부르지 못할
해인海印이라 부를 수밖에 없는

아메요코로 가는
빔챠로 가는
그리고 저 머나먼 십오세계로 가는
십육식의

머언 머어언

오봉五峰의
예감

한

모심의 속삭임.

그 질문에

여러 해 전
젊은 한 외신기자가
왈

'당신의 개벽은
언제 사회현실과 연결됩니까?'

그때 참 막막했다

지금 지구자전축 북극회귀, 남북반구 기후전복에
작년의 온갖 대격동, 안 죽는
생명체의 등장에도

문명중심만 동아시아로 변동했을 뿐
참
구체적인 것은……?

그런데 정운찬의
초과이익공유제가 나오고
삼성의 이건희가
무식하게 반발하고

달라이라마가 사퇴하며
여자후계자가 더 바람직하다고

아아
폭탄발언!

거기에 재스민의 정체가 여성들
50년 지하운동인
아크발라이·쇼크니아바인 것이 차츰 느껴진다

이것
이것이다

이제 더 무슨 말을 할 것이냐

우리 땡이가
온종일 내 방의 먹물과 붓
화선지 위를 거닐고

벽의 서가에
가득 찬 책들을 바라보며

명상 중이다

중생이 명상 중
그래도
대답이 안 됐는가?

철학에까지 갔는데도
이 무지한 외신기자여!

내가 아직도 못 가본

내가 아직도 못 가본
원주

칠봉서원과 장호원

어제
꼭
미칠듯한 흥분이 와
칠봉서원이든 장호원이든 돌아보자 돌아보자

오일장도 아니니
반드시
가자

가자고 몇 번이나 외치다가 겨우
겨우 가라앉히고

'부산 신생新生에게 주는
명제 열다섯'

60장을 써 내렸다 네 시간 내내

어허

일본에서 대규모 지진이 터졌다
쓰나미가 터졌다
원자력 연구소 방사능 유출이 시작됐다

문득
내 마음에 떠오르는 가여운 얼굴들

용녀龍女 역녀歷女 욘사마와 아메요코의
그 성숙한 일본 여인들의
얼굴

옛 옛 옛
감옥에서 울며 조선 얘기만 나오면
울며 가슴치던 박열朴烈의 부인
가네꼬·후미꼬의
혼

나의 은인
미야다·마리에 여사와
지까모리·세스꼬

그리고
쓰루미·순스께鶴見俊補 선생님

가슴을 치며

이 개벽이 부디부디

사람목숨을 부디 조금만 가져가시라
기도하고 기도한다

모심

내 가는 길은 모심밖에 없다

백두산이 터질 땐
또
어떤 고통이 오려나
새 바다는
가지런 하려나

모심

아아 모심밖엔
딴 길이 없다

내가 아직도 못 가본
새 삶
그래서
왈
신생新生이다.

辛卯 2011년 3월 12일 새벽에

원만의 땅

남신원만북하회南辰圓滿北河回에서
그
원만圓滿의 땅

아직도
가서 자세히 모시지 못한 땅
너무 많다

용문산龍門山의 뱀들
마재의
앞강물 사이사이
그 기이한
수초水草들 모래밭들

장호원과
가보긴 가봤지만
자세히 명상 못한 곳

가평의 바람과 물 연구소 근처에로 흐르던 그
북한강
그리고 또 두물머리 아직 이전의 수많은
북한강

어째서 나는 남한강과 우통수만
제일로 아는가?
신지중해의 시작이라고
그 중심이라고?
중심 아니면 물 아닌가?

물에도
중심이 있는가?

그렇다면 나의 중국 비판은
미국땅 파고 보면 중국이 나온다는
중국인들의 코미디 비판은
거짓말인가?

어째서 연사 連砂 근처에서도
운두령 아래서도
북한강 줄기라면
나도 모르게

고개를 돌리는가?
춘천春川은 우습고 두물머리 남양주나
월정사만 제일인가

허허허

웃었다

이젠 안 그런다
안 그러기로 한다

혹시
지금 마려운 내 오줌은
조금 있다 북한강으로 들어갈런지도 모를 일

안 그럴까

허
원만圓滿은
이런 데서부터 배우는 것

아직은
새벽 어둠으로 컴컴한 봉화산鳳華山

느을 늘
아침저녁 안부인사 하면서도
옆 배부른 산만 중요시하는 나의
산 보는 눈이여

원만하시라
부디
골고루 모시소서

그래서
옛 어른들 말씀이 있었다

참모심은
조심하고 무심해서
중심이 없음

그래서 진몰지珍沒池 안에 파묻혔다는 원만이
수운水雲 시詩에
계시啓示로 온 것

다시
모신다

남신원만북하회南辰圓滿北河回

그리고
그것은
선재善財의 열일곱 차례 남행南行부터
53선지식 참배는
꼬옥
구족우바이具足優婆夷부터
무위역행無違逆行부터

더 가서
일일이일화식조붕대성불一日二日花蝕鳥鵬大聖佛로부터!

그 많은 말들이

그 많은 말들이
부산의 신생新生
젊은 문인 십 여 명을 만나

오봉에서
기와집에 쏟아낸
그 많은 말들이 어디서 나온 것일까

고독
그 길고 긴
혼자만의 공부시간의 산물

고독은
결코
쉬운 일이 아니다

그러나

단 한마디도
의식적으로 한 것 없다

그저

줄줄줄

언제 끝날런지도 모르는
그래서 부산 친구들이 당황해 하기 시작한

끝난 것은

기와집의 아들
한 어여쁜 고등학생의
시 몇 줄

그리고 그에게 준 나의 도움말

'틈날 때 마다 산봉우리를 쳐다봐라
배부른 산을 백운산 치악산 미륵산을
그리고 오봉산 산봉우리를
거기서
고독을 배워라'

고독
그것이 무엇일까

느을
양안치 너머 양안치 너머에서 끝나는
나의 고독

멍

그것은
삼천대천세계 천지공심
백화제방의
봇물
월인천강月印千江의 참 시작이었다.

내가 나에게

내가 나에게
오늘처럼 부끄러워 본 적이 없다

왜?

내가 나에게 오늘아침처럼
조심스러워 해 본 적이 없다

이
새벽의 시쓰기
원주시첩도
당연한 일로 조심하고 무심하려고 애써
안 쓰다가

또
큰 죄를 진 것 같아
자꾸만

방안을 맴돌다가

아침공부 세 시간도
나의 의무여서

일본 지진의
뒷날 걱정을 잔뜩 하고 나서야

이제
한 자 쓴다

한 자다
무엇?

후꾸오까에서 나를 쫓아내던 그 좆쟁이
그 좆들이 일어서
또다시 여성과 아기들의 일본을
휩쓸 것인가
위기의 명분 아래 개지랄 칠 것인가?

아니면
개벽을 흉내내고
개벽을

대낮에 길바닥에서
개지랄 할 것인가?

아니면
엄마들과 아기들과 쓸쓸한 다중이
지구자전축 10㎝이동을
다소곳이
모심으로 혁신을 새로 시작할 것인가?

그리 해
동방을 서방에

아아
그리 할 것인가

그늘을 흰빛에
흰그늘의 서기瑞氣에도 되려 나아갈 것인가

아메요코에서
되려
옛 신시를 크게 벌릴 것인가

나는

나는 머언
합장合掌까지 한번 하고 나서
볼펜을
놓는다

모심으로
조심과 무심으로
모심의 마음 단 하나로

내가 나에게
내가 나에게

일본지진을 부탁한다

그 뒷날을

구원팀 이야기가 아니다
우리의 사명
성배聖杯 얘기

왜

반도가

이리 조용한지

책임져야한다는

그말이다

아
이제야 알았다

내가 어째서 새벽에
시쓰기를 멈췄는지

나는
우리는
이리도
머저리

아직도 그렇다
허허.

오늘 나에게 이 땅이

오늘
나에게 이 땅이
무엇을 뜻하는지를 알았다

손님이 와
중요한 이야기 나눌 때면
느을
오봉五峰은
더없이 상서롭고 한없이
준엄해

배부른 산은
또
자그마한 위에 가없이 풍요로워

그 뜻을
그리매 도리어

내 사는 집 내 걷는 봉화산 밑
이 거리
무실리無實里의

아무런 건질 것 없는
터엉 빈
빈 터의
비밀
노안지老安地

아하
그래서
이 편한 세상이란 아파트 이름

우연 아니다
의미다

의미

이런 인생도 다 있군!

내가
저 의미있는 여주 이천 남양주의

두물머리로 나아갈 때의 서제리
그 흥업興業 벌판이

똑
꽃피는 화엄華嚴이듯
그 산속에 팔포八浦까지 물이 흘러

내가
그들을 이리 귀래歸來로 모시듯
눈과 비가 한 자리에서 딱 갈라지는
그 기이한 양안치兩岸峙 너머

그래
오봉五峰이
이젠 오대五台임을 알았다

그래
입법계入法界의 절정
자행동녀慈行童女의 거처가 곧
비로자나毘盧蔗那의 씨궁전임을
오봉의
부처 인연 속에서

똑똑히
알았다

제가 선 자리에서
대방광불화엄경을 실천하라

저마다
저마다

월인천강月印千江하라고
무위역행無違逆行하라고

사자당獅子幢 저 키 큰 산맥들이
가르친다

이제 알았다.